Sin Denominación Espiritualidad Cuántica Manual Laico para Pacientes de Hospicio y sus Familias: cómo la ciencia prueba que hay vida en el más allá

por T. Lee Baumann, M.D.

Traducción al Español por Norka Alexis Sacarello

Primera impresión de octubre 2011
CreateSpace
7290-B Investment Drive
North Charleston, SC 29418, USA

Baumann, T. Lee, 1950 -
    Sin Denominación Espiritualidad
    Cuántica Manual Laico para Pacientes
    de Hospicio y sus Familias:
    cómo la ciencia prueba que hay vida en
    el más allá / por T. Lee Baumann

Incluye notas
ISBN: 1466312696
EAN-13: 978-1466312692

Este libro está dedicado a todos
los pacientes terminales y
sus respectivas familias.

T. Lee Baumann, M.D.

Tabla de contenido

Prólogo

Cuando por primera vez, voluntariamente, intenté de introducir mi experiencia de "Ciencia y Espiritualidad" a un hospicio en Birmingham, Alabama fui confrontado con la realidad de que muchos hospicios no estaban dispuestos a tener estos servicios disponibles para los pacientes, en otras palabras, me informaron que "no era necesario." Me sorprendió. En los años que estuve practicando medicina fui testigo de innumerables pacientes que murieron sin tener la certeza y el consuelo de saber que Dios existe.

La mayoría de los pacientes eran personas espirituales de distintas religiones. Sin embargo, seamos sinceros. Hemos tenido momentos en nuestras vidas cuando hemos dudado de la existencia de Dios y hemos buscado respuestas. Algunos de nosotros hemos encontrado paz en los versículos de la Biblia. Algunos de nosotros hemos encontrado paz en fuentes remotamente improbables. Para mí, la fuente improbable resultó ser la misma fuente que por primera vez causó mis dudas: la ciencia. De hecho, la ciencia me ha ofrecido una base espiritual que por lo menos es tan fuerte como los versos de cualquier texto religioso, incluyendo la Biblia. En conjunto, mi espiritualidad científica complementa y refuerza los versos de los pasajes Bíblicos que aprendí mientras crecía. Durante mi última investigación encontré que la relación entre diferentes textos sagrados eran las mismas.

Muchas personas encuentran consuelo en saber que Dios existe, basado solamente "en la fe." Esto incluye a muchos de mis parientes y amigos más cercanos. Ellos no tienen ningún fundamento científico para su fe y tampoco han buscado uno. Lo único que ellos tienen son los pasajes sagrados de los textos religiosos con los que se han criado.

Entiendan que no estoy menospreciando la creencia en Dios basada solamente en la fe, y creo que la ciencia complementa y fortalece esa fe. En el momento cuando nos acercamos a la muerte, el sistema de creer solamente en la fe puede hacerse un poco inestable y he visto que esto ha pasado varias veces. En esta época en donde la ciencia avanza rápidamente, no hay razón para que alguien muera temiendo a Dios o teniendo dudas si existe una vida en el mas allá.

Este consuelo espiritual viene en una forma única, sin denominación, llamada *ciencia,* y uno no tiene que ser un genio científico para entender sus principios. Repetidas veces, muchos de estos conceptos se han probado. Algunos conceptos se basan en la teoría, pero estos son apoyados por la ciencia. Un concepto interesante (el tema del capítulo 7) tiene notables canonizaciones espirituales que irrita a muchos devotos físicos, pero nadie, ni siquiera el propio Einstein, ha sido capaz de probar lo contrario.

Quiero dejar claro que la adición de la ciencia a cualquier fundamento religioso es solo eso, una adición. Esta ciencia tiene por objeto de *complementar* nuestra fe y no reemplazarla. La ciencia necesita de la religión y la religión necesita de la ciencia. Una no esta complete sin la otra. Por supuesto, podemos usar pinturas sin un lienzo y viceversa, pero al combinarse, ciertamente los resultados son preferibles y más hermosos. Rápidamente encontré que el incentivo para escribir este libro era para reducir los complicados conceptos de la medicina, la parte física y la astronomía, a términos de entendimiento común para la persona no científica.

Espero haber tenido éxito en esta tarea. *Sea usted el juez...*

Capítulo 1: Los Tres Omni's

En el Antiguo Testamento, Dios es "vestido de Luz." En el Nuevo Testamento Cristiano y el *Libro de Mormón* Cristo es la "Luz del Mundo." En el *Corán* Musulmán, Alá es la "luz de los cielos y la tierra." En los manuscritos religiosos del Budismo, la Luz es la primera manifestación de la vida del más allá. Similares comparaciones en relación a la Luz de Dios abundan en casi todos los otros textos religiosos alrededor del mundo, incluyendo las antiguas civilizaciones de los Egipcios, Mayas, Aztecas e Incas quienes adoraban el resplandor de la Luz.

¿Literalmente, es Dios la Luz? Tal vez. Como ustedes verán, si los dos no son el mismo, literalmente son sin duda, íntimamente conectados.

Para empezar, vamos a asumir que Dios está íntimamente asociado con la Luz.

De acuerdo con los primeros pasajes de la Biblia, Dios creó la luz. De hecho, la referencia en Génesis se refiere a la luz visible. En el campo de la física, cualquier forma de radiación electromagnética se considera luz. Por lo tanto, la luz incluye una variedad de luz visible, los rayos gamma (espacio exterior), rayos X (consultorio médico), microondas (horno de cocinar), el radio y la televisión.

Einstein's $E = mc^2$ indica que la materia sólida (m) y todas las formas de la luz (E, o energía) son intercambiables (como se define en c, la velocidad de la luz), bajo las condiciones adecuadas. De hecho, durante el último siglo, la ciencia ha demostrado que toda la materia sólida es sólo una forma diferente de la luz, y viceversa.

Como seres humanos, nuestras almas son meras extensiones del Espíritu de Dios. Muchas personas que han tenido experiencias cercanas a la muerte pueden decir que nuestras almas (cuando en "el más allá") son vistas como los espíritus de luz. Dios y Cristo aparecen como Espíritus de Luz intensa. Los parientes fallecidos aparecen como espíritus de luz menos intensa. Incluso los animales domésticos de las familias aparecen como espíritus de luz.

A través de Einstein $E = mc^2$, nosotros recibimos la confirmación científica que es posible para Dios (si Él es la Luz) ser todas las cosas. En el capítulo 3, nosotros debemos de examinar el concepto científico que nos revela esto. La Luz sobrevivirá la muerte del Universo cuando nada más lo hará.

No obstante, sin embargo, permítanme introducir el concepto de lo que yo llamo "las tres omnis." Las tres omnis son: 1) la omnipresencia (la habilidad de estar en todas partes, 2) la omnisciencia (la habilidad de saberlo todo), y 3) la omnipotencia (ser el todo-poderoso). Inmediatamente podemos reconocer estas tres características como adjetivos que normalmente usamos para describir a Dios. Curiosamente, en el campo de la física cuántica, también se describen las ondas electromagnéticas o la luz.

Omnipresencia (estar en todas partes):

Desde que la teoría de la relatividad fue primeramente publicada por Einstein, por primera vez en el año 1905, muchas veces el mundo de la física ha demostrado, que su teoría no es más una teoría, sino un hecho. Uno de los aspectos mayores de la teoría era que el tiempo se detiene al ser una onda de luz. Viajando a la velocidad de la luz tiene sus ventajas. Las ondas de luz NUNCA envejecen. Una vez más me gustaría afirmar que esta alegación es un hecho probado. Pregunten a cualquier físico.

Así que, pretenda visualizarse usted mismo como una onda de luz. El tiempo se detiene. Su reloj de pulsera se niega a trabajar. Usted puede moverse alrededor y funcionar normalmente, pero usted se mueve a una tremenda velocidad, la velocidad de la luz. Esta velocidad es de 186,000 millas por segundo. Si usted vive en un lugar donde se usa el sistema métrico entonces sería a 300,000 kilómetros por segundo.

Debido a que el tiempo se ha detenido, usted puede viajar a cualquier lugar en el Universo. Imagínese que su reloj lea las 10:13 a.m. y nunca cambie de hora. ¡Usted puede visitar Italia, Australia, la Luna, el planeta Júpiter, la galaxia de Andrómeda, y cualquier otra parte del Universo y todo esto a la misma hora de acuerdo a su reloj! Literalmente usted esta en todas partes del Universo que usted quiera estar y, a la misma hora. Aunque esto parezca extraño, esto es exactamente lo que los físicos nos dicen. Ahora usted tiene el poder de estar en cualquier lugar y en todo el Universo a la misma vez. El tiempo no existe para usted como una onda de luz. Como Dios, usted es ahora "extra-dimensional," usted existe afuera de las cuatro dimensiones humanas del espacio altura, longitud anchura y tiempo.

Omnisciencia (que todo lo sabe):

En los párrafos anteriores hemos experimentado que usted, como una onda de luz, puede ahora estar en todas partes del Universo al mismo tiempo. Imagínese usted en Roma, mientras los turistas se mueven de un lado a otro viendo los lugares más famosos, usted ve a un ladrón robándole el bolso a una mujer.

Del mismo modo, cuando usted esta pasando por la Luna (siendo todavía las 10:13 a.m.), usted ve a un astronauta de la

Tierra caminando en la superficie cubierta en polvo.

Una vez más cuando usted visita el planeta Júpiter (siendo todavía las 10:13 a.m.), usted ve a un asteroide haciendo impacto en la superficie del planeta.

Usted ha visto tres eventos separados y todos al mismo tiempo. Y, no tiene que terminar ahí. Como una onda de luz, es posible que usted pueda continuar su viaje y presenciar todo lo que está ocurriendo a través del Universo. ¡En otras palabras, usted sabrá todo lo que pasa a través del Universo, exactamente como lo describe Dios!

Como veremos en el Capítulo 4 durante la experiencia cercana a la muerte, nuestro espíritu también lo sabe todo al igual que la "Luz del mas allá." Esto no es una coincidencia. Existe una relación entre nuestro espíritu humano, luz y Dios.

Omnipotencia (ser todo poderoso):

Este concepto es más complicado y detallado que el espacio permitido en este libro. Basta decir que hay un concepto científico que sugiere que la Luz tiene energía infinita o, es toda poderosa. Sin entrar en detalles, prefiero preguntar lo siguiente a mis lectores: ¿si al mismo tiempo usted estuviera en todas partes del Universo y, aún sabiéndolo todo, pretendería usted tener todo el poder?

Si actualmente usted cree que Dios *Es* la Luz o no, los dos tienen un parecido similar, incluyendo el hecho de que la mayoría de los textos religiosos describen a Dios como "la Luz del mundo" ... algo que se puede considerar al nosotros poder investigar sobre este tema más profundamente.

Capítulo 2: La Conciencia de la Luz

Es un hecho científico que nuestros cerebros emiten ondas electromagnéticas. Esta tecnología existe desde el año 1960. Midiendo las ondas del cerebro fue definitivamente un incentivo, sin embargo, desde que la radiación de la tierra es inmensamente más fuerte, normalmente supera las ondas enviadas al espacio por nuestros cerebros. Prueba de la existencia de estas ondas cerebrales ofrece una explicación para muchos eventos paranormales que previamente nosotros no hemos podido explicar: el déjá vu, sueños, instintos, telepatía mental, la clarividencia, la cercanía a la muerte y la experiencia al salir del cuerpo, y tal vez alguna otra forma de "enfermedad mental." En todo caso si usted es un psíquico que habitualmente puede "sintonizar" con las ondas del cerebro, o (una persona como yo), que no somos psíquicos, y bajo las condiciones normales, cualquiera puede "tocar" las ondas que nos rodean.

Para la mayoría de nosotros es pura casualidad que nos permita el déjá vu o adquirir esa idea creativa que nos deja preguntando, "¿De dónde viene esa idea?" Sin embargo, sucede todo el tiempo. Las ideas, las ondas cerebrales de otras personas, espíritus y Dios, están constantemente alrededor nuestro.

Nosotros frecuentemente interceptamos esas ideas en nuestros conocimientos o conciencia. Por lo tanto, podemos apreciar y captar que hay pensamientos buenos y malos. La mayoría de nosotros rápidamente podemos descartar los malos pensamientos, mientras podemos reflexionar en positivos y creativos pensamientos. La mayoría de nuestros pensamientos vienen de nuestras propias mentes, pero muchos pensamientos del "exterior" pueden atacar nuestras mentes. Para muchos, es una constante batalla el tratar de filtrar los buenos de los malos pensamientos. Algunas formas de enfermedades mentales, creo yo, representan ejemplos de pacientes que no pueden separar los pensamientos buenos de

los malos, los cuales vienen del "exterior."
En estos casos, los médicos relacionan
estos síntomas como visiones, voces,
alucinaciones, delirios, etc. Sin embargo,
estos pacientes posiblemente están
reaccionando a las condiciones externas.

Por extraño que parezca, son los físicos,
no Lee Baumann, los que aplican esa
etiqueta de "conciencia" a la luz física y
ondas (electromagnéticas). ¿Por qué los
físicos aplican adjetivos humanos a una
substancia sin vida, como la luz, una
historia sorprendente. (Ahora vemos lo
bien que esa etiqueta se ajusta a sabiendas
que nuestros cerebros también emiten sus
propias ondas electromagnéticas.)

Durante el pasado siglo, una notable
serie de experimentos físicos mostraron
que una onda de luz puede alterar su
"comportamiento" de una manera
imposible. Para simplificar, vamos a
examinar un experimento en particular. Al
final de este experimento, los
investigadores hicieron un solo cambio en
la situación. No se hicieron cambios en
ninguna otra parte del experimento. ¡Sin
embargo, de una forma imposible, los
científicos anotaron que las ondas de luz

alteraron las acciones *en el medio* del experimento!

Piensen en resultados como este. Usted echa agua de un jarro a una fuente que esta en el suelo. Sin embargo, mientras usted esta echando el agua, alguien mueve la fuente varios pies hacia el lado. ¡Lo que usted ahora observa es imposible: el agua que usted esta echando cambia ahora su ruta en medio de la corriente de modo que todavía entre adentro de la fuente! Esto es similar a lo que ocurre con la luz en este experimento.

Los físicos exclamaron que era imposible que las ondas de luz alteraran su propio curso o "comportamiento" (en medio del experimento) basado en varios cambios alrededor (al final del experimento). Esto sonaba como una característica humana, pero aún más complicada. Ganadores del Premio Nobel describen estas acciones por parte de la luz como "imposible" y "sorprendente." Esto no tenía ningún sentido.

Los investigadores, tratando de poder describir mejor el comportamiento de la luz, crearon nuevos experimentos, pero los resultados fueron siempre los mismos. La luz estaba actuando de manera inexplicable que parecía "imposible."

Hoy, gracias a Einstein, podemos entender el extraño comportamiento de la luz, aunque todavía nos asombre la imaginación. Las personas que revisaban los experimentos vieron anticipadamente que el tiempo (la hora) no existe para la onda de luz. En pocas palabras, las ondas de luz han "visto" los cambios que los investigadores hicieron al final del experimento planeado. Las ondas de luz han vuelto para atrás el tiempo en medio del experimento y alteraron las acciones, algo que es evidentemente imposible para nosotros los humanos, atrapados dentro de esta extraña dimensión a la que llamamos tiempo. (hora)

Capítulo 3: La Desintegración Atómica

E ste es uno de los pocos conceptos en este libro que sigue siendo teoría, aunque la mayoría de los científicos creen en la veracidad de la desintegración atómica.[1] Permítanme explicarles. La desintegración atómica es la descomposición literal de los átomos en ondas de luz.

Einstein's $E = mc^2$ indica que E (energía o luz) es solamente otra forma de materia (m, o átomos). Nosotros sabemos que esta formula es válida. Las bombas atómica y de hidrógeno representan estos dos ejemplos.

Sin embargo, lo que queda de la teoría es que si *toda* la materia del Universo, dándole bastante tiempo, eventualmente se desintegrará en luz. Hay varios argumentos científicos, a pesar de la evidencia, que después de 100,000,000,000,000,000,000,000,000 ,000 años (son 32 ceros), la

descomposición de la materia a pura
energía actualmente ocurrirá.

El problema de probar esta teoría es que
la figura anteriormente mencionada tomará
mucho tiempo. Nosotros dudamos que
vamos a observar la descomposición de tan
siquiera un átomo en el lapso de cien años
y, si cuando ocurra, estamos dispuestos a
grabar este evento.

Cuando finalmente haya evidencia de
que esta predicción se ha observado, se
hará una prueba adicional mostrando que el
Universo (incluyendo nuestro cuerpo
físico) va a sobrevivir como energía pura
de luz. De hecho, ya existe suficiente
evidencia para señalar al hecho, que
después de la muerte, nuestras almas y
espíritus, existen como luz. La prueba final
de la desintegración atómica solamente
añadirá apoyo al argumento de que todos
nosotros estamos destinados ha
convertirnos en luz como extensión de
nuestro Divino Creador.

Como predice la experiencia cercana a
la muerte, la luz eterna es la pura
personificación de amor, paz, sabiduría y
bienaventuranza.

Capítulo 4: La Experiencia al Borde de la Muerte

Cuando el Dr. Raymond Moody publicó su histórico libro, *Life After Life,* (1975) describiendo la experiencia al borde de la muerte (EBM), la mayoría de los lectores inmediatamente reconocieron la importancia de este sobrenatural fenómeno médico. Yo no necesito discutir en detalle la experiencia al borde de la muerte, pues ahora es ampliamente reconocible. Sin embargo, voy a someter algunos puntos interesantes.

Los elementos:

En lo típico del EBM, el Dr. Moody ha identificado varios elementos que se repiten.[2] A continuación he numerado varios:

1. El reconocimiento de la muerte
2. El espíritu se ha separado del cuerpo. Experiencias fuera del cuerpo pueden

ocurrir, así como la confirmación posterior de nuestras observaciones.

3. Viaje a través de un túnel oscuro

4. El recibimiento de seres queridos que han fallecido, amigos y animales domésticos

5. El encuentro con un "Ser de Luz"

6. Sentimientos memorables de afecto, paz y amor

7. Conocimiento completo de todo[3]

8. Analizar la vida

9. Comunicación que la persona tiene que regresar a la vida, decepción.

10. Reunirse con el cuerpo físico

11. Incapacidad adecuada para describir el episodio

12. Cambio en la perspectiva de la vida—aceptación común que la experiencia fue real

Muchas personas que han experimentado el borde de la muerte regresan con una impresión maravillosa acerca de la "Existencia de la Luz." Para los Crístianos, esa Existencia se identifica con Cristo, para los Judíos, es Dios, para los Musulmanes, es Alá, para otras religiones, el Divino Creador y para los ateos, un espíritu genérico. Todos ellos son afectados por el grado de amor, paz y aceptación que se desprende de este Ser.

Para mí, la presencia de este Ser de Luz es el aspecto más importante de la EBM.

La oscuridad:

Una pregunta que muy frecuentemente me han hecho personas que han experimentado el mas allá es que ellos se han encontrado en la oscuridad. Estas personas no vieron *la Luz o el Ser de Luz.* Buscaron la Luz, pero no la encontraron. La experiencia, en vez de haber sido tranquilizante, y acogedora, fue totalmente todo lo contrario.

Estas experiencias causan que las personas pregunten donde esta la Luz. Más importante aún, *¿por qué* no apareció la Luz? ¿Estaba Dios enviándoles un mensaje? ¿Eran sus almas irrecuperables o perdidas para Dios?

Ciertamente, me hubiese gustado tener las respuestas, pero tengo algunas observaciones de mis años de investigación de EBM:

1. Aunque la Luz no era visible, la Luz estaba ahí. Inevitablemente la Luz esta siempre alrededor nuestro. Posiblemente, la Luz *estaba* ahí, pero por alguna razón no era visible para esas personas.

2. Para algunas personas, la Luz es sumamente espantosa en momentos de gran temor. Muchos de nosotros podemos pensar hacia atrás cuando éramos niños. Cuando estábamos acostados en la cama y nos daba miedo, ¿que hubiéramos hecho? Muchas veces, en vez de encender la luz, nos escondíamos debajo de la sábana donde la oscuridad nos daba un sentido de protección. Quizás la oscuridad era el ambiente más tranquilo que Dios pudo haberles ofrecido a estos EBM en ese tiempo crítico, dada la extrema confusión que existía, acabando de experimentar la muerte corporal.

3. Quizás Dios *estaba* tratando de enviarles un mensaje: "¡tú tienes que cambiar tu vida!" Miedo puede ser una considerable motivación. *Yo* soy la última persona, que a este punto, puede juzgar. Si esto se aplica a usted, de

cualquier modo, usted necesita saber que debe de cambiar. Nadie más puede hacerlo por usted. Considere su actitud actual hacia los futuros propósitos de su vida, su actitud hacia los demás, y su actitud hacia Dios. Desafortunadamente, todos nosotros podemos mejorar los aspectos de nuestras vidas, por lo tanto, estas recomendaciones se aplican a todos nosotros.

4. Cuando yo me muera, si no veo la Luz, solo hay una cosa que deba acordarme de mi investigación anterior: *yo llamaré por la ayuda de Dios.* En los innumerables casos que he leído y oído acerca de la proximidad de la muerte cuando la persona *no* ve la Luz, si la persona llama a Dios o Cristo, milagrosamente la Luz aparece. Quizás, Dios esta esperando a ver si la persona realmente cree que Él existe. Quizás Dios esta esperando un llamamiento mas genérico (de un ateo) de que la muerte no es el fin, ya que a este punto es bastante obvio. Entiendan, yo no pretendo entender a Dios. Todavía estoy tratando de resolver algunas cosas, pero

los libros sagrados que hay en este mundo nos hacen ver la importancia de ser humilde ante la presencia de Dios.

De encontrarme algún día en esa situación oscura, voy a aclamar la ayuda de Dios. ¡*Yo quiero* ver esa Luz!

Conocimiento:

Una observación interesante de muchas de las personas que han experimentado la EBM es el recuerdo de que ellos todo lo sabían cuando estaban "en el mas allá." Esta observación es tentadora, ya que increíblemente se compara con la omnisciencia de la Luz.

No creo que esto sea un accidente. Cuando nuestras almas son separadas de nuestros cuerpos, somos literalmente espíritus de luz. De ahora en adelante, (por lo menos temporalmente) somos capaces de experimentar las experiencias de la luz hasta que regresamos a nuestro cuerpo.

Creo que una de las características de la BDM es lo que permite que el espíritu viaje y sea testigo de los eventos lejos del escenario de la muerte (experiencias fuera de el cuerpo.) Una de las personas que tuvo la BDM observó, y sintió como que su espíritu "estaba consciente."[4]

Estas experiencias fuera del cuerpo, asociadas con el acercamiento de la muerte, son las historias más increíbles que usted podrá escuchar. Hay innumerables historias de personas (mientras experimentaban la cercanía de la muerte) que viajaron millas desde el lugar de la muerte, hicieron un recuento de sus observaciones, y posteriormente fueron verificadas por otros en cuanto a su exactitud. Estas son las investigaciones reportadas por los periodistas las cuales le dan al EBM la credibilidad científica, de que es un fenómeno real. Es difícil para los escépticos argumentar que la falta de oxígeno y de drogas causaron esos tipos de observaciones.

Capítulo 5: Las Leyes del Universo: Diseño Inteligente

Estoy usando el siguiente ejemplo para mostrar el punto de este capítulo:

Si una moneda se echa al aire, cara o cruz, y 10,000 veces cae la cara boca arriba, hay solamente dos posibles soluciones: 1) la pura casualidad, o la suerte de que la persona permitió que esto ocurriera, o 2) la moneda fue hecha para que siempre cayera cara (por lo tanto, es una moneda hecha con dos caras.)

Yo diría que el último punto, número 2, explica la situación. Mi sentido común me dice que este evento *no* pudo ocurrir por suerte, a pesar de que es una ridícula posibilidad, al igual que las leyes de mecánica cuántica las cuales yo respeto muchísimo. Yo, personalmente, creo que

Dios explica toda clase de vida y nuestra presencia en la Tierra.

Muchos escritores han escrito sobre este tema, incluyendo físicos. Sin duda usted ha leído y oído acerca de estos argumentos en el periódico, ya que varios han aparecido bajo el título de "diseño inteligente." De cualquier modo yo voy a introducir algunos conceptos que normalmente no son incluidos bajo el título previamente mencionado. Sin embargo, todos los conceptos de este capítulo se discuten con el mismo fin: la oportunidad solamente no puede ser atribuida a las características de vidas que se observan en el planeta la Tierra.

Para dar una organización a esta sección, voy a empezar poco a poco, de abajo para arriba.

Fuerzas atómicas:

Las fuerzas atómicas consisten de varias leyes o fuerzas de la naturaleza que actúan dentro de los límites del átomo para mantener todas las partes juntas. No voy a discutir ni definir todas estas fuerzas pero hablaré en términos generales.

Los estudios muestran que diminutivos cambios en cualquiera de las varias fuerzas hubiesen evitado que hubiese vida en el planeta Tierra.

Permítanme citar un solo ejemplo: los investigadores han encontrado que un cambio de solo ½ por ciento, en el elemento del oxígeno en una fuerza atómica, hubiese prevenido la formación de otro elemento vital, el carbono.[5] Como la vida en nuestro planeta depende de la presencia del carbono, el resultado sería la ausencia de vida en la Tierra.

Hay muchas diferentes fuerzas trabajando en el átomo, y todas ellas tienen la misma importancia al determinar si los diversos elementos importantes para la vida, son propiamente formados en el Universo. Muchos autores han escrito libros sobre este tema argumentado el apoyo para el diseño inteligente.

En un tema relacionado con el átomo, sería negligente de mi parte el no mencionar la relación que existe entre el átomo y mi vieja amiga, la luz. A través de este texto, me he referido a la importancia de la luz: el hecho de que la mayoría de los textos religiosos se refieren a nuestro Ser

Supremo en términos de La Luz, como la física cuántica atribuye características sobrenaturales a la luz, como toda la materia en el Universo es una forma de luz (Einstein E = mc^2), y como sugiere la ciencia, que la Luz Suprema domina al final del tiempo.

Hace mucho tiempo que los científicos saben que la luz esta íntimamente asociada con toda la materia al nivel atómico y que también influye en el comportamiento del átomo. Si nosotros podemos recordar el modelo del átomo que nos enseñaron en la escuela, podemos recordar la imagen familiar de electrones girando alrededor del núcleo central. Lo que no nos enseñaron es que estos electrones continuamente tienen interacción con ondas de luz, causando muchos de los cambios en el estado del átomo.

A pesar de que no se puede ver, la luz es una parte inherente de todos los átomos que componen nuestro cuerpo y del mundo material (y el Universo) alrededor de nosotros.

Las fuerzas moleculares:

Así como las fuerzas atómicas están activas en el átomo para definir el mundo material alrededor de nosotros, fuerzas similares participan a un nivel molecular. Las variables que definen nuestro mundo han sido increíblemente afinadas y son innumerables. ¿Podrá ser esto una casualidad?

DNA:[6]

Algo clásico, "que vino primero," pregunta: ¿el huevo o la gallina?

El DNA es una extraordinaria y compleja molécula, que actúa ¡haciendo copias de si misma! Durante este acto, el proceso requiere la ayuda de complejas proteínas conocidas como enzimas. Considere que una molécula de DNA de un mamífero, al estirarla, mide más de una metro de largo.

La importancia del DNA no se puede exagerar. DNA sirve para muchas funciones: 1) para ser copias de si misma (como para la reproducción celular), 2) y para hacer diferentes formas de otro importante ácido nuclear, RNA, (que se discutirá en la próxima sección),[7] y 3) para producir proteínas, un elementos básicos en nuestro cuerpo.

Por lo tanto, uno podría preguntarse. "¿Será realmente posible que el DNA se haya inventado o desarrollado por sí mismo?"

Proteínas:

La formación de proteínas requiere la presencia de una molécula igualmente compleja a la DNA. Se llama RNA ¡Se requiere no solo una, pero tres tipos de RNA para hacer proteínas del DNA! El proceso es, al igual que otras funciones corporales, bastante complejo y sin embargo, increíblemente eficiente. Para darles una idea de la importancia de proteínas en nuestros organismos, consideren que una sola bacteria tiene aproximadamente 2,500 diferentes proteínas. Dos terceras partes de estas proteínas sirven el propósito para instigar otras esenciales reacciones celulares.

Algunas de estas proteínas son grandes moléculas, que se doblan sobre y alrededor de ellas mismas en una determinada forma para permitir que ellas funcionen en la forma correcta. Un doblez incorrecto y la mayoría de las proteínas no funcionarán correctamente o dejarán de funcionar. Para visualizar un complejo de proteínas, imagínense cogiendo un puñado de tiras de papel, y meterlos dentro de una bola. Esta imagen le dará una idea de la complejidad de una proteína. También recuerde que la cantidad de tiras de papel, que usted agarró, tiene que ser regularmente duplicado.

Un estudiante y autor calculó que lo extraño de la evolución, causando una formación de simplemente una sola proteína, (digamos, una que contiene 2000 átomos) en la orden del 1 al 10^{321} (¡es el número 1 seguido de 321 ceros!), en otras palabras, imposible.[8]

Los bloques de construcción de estas proteínas son compuestos conocidos como aminoácidos. Estos aminoácidos (y también los azúcares, para esa materia) tienen una interesante característica conocida como "mano." Estas moléculas pueden ser derechas o izquierdas. La diferencia entre ellas, no es importante. Todo lo que usted debe saber es, que si se miran en un espejo, el reflejo de una imagen derecha (en el espejo) seria lo opuesto a una molécula originalmente izquierda.

Lo que es interesante es que de todas las formas de vida encontradas en la Tierra, la mayor parte de los aminoácidos son *solamente* izquierdos (mientras que la mayoría de los azúcares son *solamente* derechos). Nuestros cuerpos humanos son diseñados usando solamente aminoácidos izquierdos (y azúcares derechos). Nuestros cuerpos humanos están designados a funcionar usando solamente aminoácidos izquierdos (y azúcares derechos). Nosotros no podríamos sobrevivir si las moléculas fueran hechas de otra forma.

He oído muchas explicaciones de porqué los aminoácidos y las azúcares se desarrollan en esa forma. Yo encuentro que estas explicaciones son interesantes, pero no me convencen. A lo que a mi se refiere, esta observación solo añade "el encabezamiento" para la continuación y el crecimiento de la lista de "accidentes" que han permitido nuestra existencia.

Las leyes del sistema solar:

El planeta Tierra tiene muchas variaciones y esto es debido a la presencia de vida en este planeta. Superficialmente hemos tocado algunos de ellos.

Ahora consideremos las leyes de la naturaleza a un nivel mayor: el sistema solar. Una de las más importantes determinaciones de que hay vida en la Tierra es la presencia de agua en la superficie de la Tierra. Muchos variables pueden afectar la presencia del agua, incluyendo (pero no limitado a) lo siguiente:

1. La distancia entre la Tierra y el Sol (demasiado cerca, demasiado caliente, sin agua—a gran distancia, demasiado fría, todo es hielo). Un estimado reveló que si la Tierra estuviese solo 5% más cerca de el Sol, la vida no se hubiese formado.[9]

2. La atmósfera de la Tierra (demasiado gruesa, entra muy poca luz, o demasiada luz).

3. La gravitación y el tamaño de la Tierra. El tamaño de nuestro planeta y la gravitación determinan si el agua

permanece en la superficie del planeta o, se pierde hacia el espacio.

4. La órbita de la Tierra. Una órbita casi o menos circular quiere decir, que una extrema variación de la temperatura variación puede ocurrir cuando la Tierra circula el Sol (es más caliente cerca del Sol; y cuando lejos, más fría).

5. La claridad del Sol (muy brillante, y muy caliente) y la radiación.

6. El tamaño del Sol y la gravitación. Un Sol más grande pone su superficie cerca de la Tierra y también altera sus ardientes características (radiación y temperatura).

De todas las observaciones del sistema solar mencionadas, la que más me fascina es la número 1: la distancia de la Tierra y el Sol. A pesar de que solo existe como un argumento adicional del diseño inteligente, hay una característica que añade una diferente perspectiva de divina intervención.

Hace mucho tiempo que los científicos han reconocido un modelo matemático en la formación planetaria acerca del sol. Es un simple modelo representando las distancias del Sol: 1: 2: 4: 8: 16: 32 etc. En otras palabras, el polvo y escombros que giran alrededor de una estrella central formándose dentro de los múltiples planetas que orbitan alrededor, son formados en las distancias representadas por los anteriores modelos.

Por lo tanto, si el planeta más cercano al Sol, se forma a 50 millones de kilómetros del Sol, el segundo planeta se forma al doble de esa distancia o, 100 millones de kilómetros. El tercer planeta se forma a 200 millones de kilómetros y así sucesivamente duplicando la distancia entre el Sol y el próximo planeta. Hay una razón por la cual yo uso estas distancias. Estas son las distancias aproximadas de los planetas en *nuestro* sistema solar, con algunas pequeñas diferencias. A continuación les detallo las distancias actuales (en millones de kilómetros):

Mercurio: 58
Venus: 108
Marte: 228
Asteroides (o "planetas menores"):
    significa 405 (escala de 315 – 495)
Júpiter: 778

Saturno: 1427
Urano: 2871
Neptuno: 4497

¿Notó usted la ausencia de la Tierra? De acuerdo con el muy conocido modelo matemático, la Tierra no debería de existir. Pero existe en una localización en donde ningún planeta debió de haberse formado: ¡a 150 millones de kilómetros! ¿Una coincidencia? Recuerden que ésta es solamente la distancia necesaria que se requiere entre un planeta y el Sol para que el agua exista. Otra "idea." ¡La presencia de vida en nuestro planeta es verdaderamente exquisita, única y posiblemente, sobrenatural!

Las galaxias y las leyes del agujero negro:

Al igual que la posición de nuestro sistema solar en la galaxia "Vía Láctea" desempeña un decisivo papel en cuanto al desarrollo de la vida en este planeta. Por ejemplo, la Tierra tuvo que formarse en un área en donde la galaxia se desbordaba de los metales pesados que son necesarios para la vida. Por ejemplo, sin hierro, nuestras células de sangre no pueden llevar el oxígeno necesario que se requiere para nuestra existencia.

Similarmente, si la Tierra se hubiera formado en un área de la galaxia que tuviera un número mayor de estrellas cercanas o incluso agujeros negros (cerca del centro de nuestra galaxia), la radiación (como los rayos X) y/o los efectos de la gravitación, hubiesen prevenido la formación de la vida.

Este capítulo solamente ha mencionado una serie de los argumentos del diseño inteligente. La complejidad de la vida, tal como la conocemos, no ocurrió por casualidad. Aunque yo considero que estos argumentos son mas flojos que los que he mencionado en otros capítulos, estos se suman a la evidencia de un Poder Intrigante—Uno que ha intervenido, (y continuará interviniendo, Capítulo 9) en nuestra existencia humana.

Una definición importante del diseño inteligente, que en el pasado me llamó la atención, incluye la siguiente declaración:

Se trata de un argumento de la existencia de Dios, y que deliberadamente evita especificar la naturaleza o identidad del diseñador.[10]

Lo que más admiro de esta definición es que los conceptos que menciono en este texto *implican* "la naturaleza o identidad del Diseñador." Ese Diseñador es, creo yo, la Luz (o por lo menos esta íntimamente relacionado con la Luz) la más pura de todas las energías, la cual es eterna y encarna toda la materia, el espíritu, la creación, el amor, e incluso el perdón.

Capítulo 6: Dios Conecta el Universo

¡Lo creas o no hay pruebas matemáticas y experimentos científicos que prueban que el Universo es *instantáneamente* unido de un extremo al otro! Esta unión existe solamente para el intercambio de información. Este intercambio de información o comunicación es diferente a todo lo que podemos identificar en la Tierra. Las formas de comunicación que nosotros estamos familiarizados se producen a través de las ondas del radio (las ondas cerebrales), las ondas de la televisión, las del microonda, (teléfonos celulares, Wi-Fi), luz (cables de fibra óptica), o electrones (líneas eléctricas). De hecho, todas estas formas de comunicación se transmiten a través de algún tipo de partícula (electrón) o de ondas electromagnéticas. Ni ondas, ni partículas pueden viajar más rápido que la velocidad de la luz. Por lo tanto, la velocidad de la transmisión de las comunicaciones humanas son ciertamente limitadas, no instantáneas.

Consideremos que la galaxia más cerca a nosotros (Andrómeda) tiene una distancia de 2,500,000 años[11] de luz. Aún a la velocidad de la luz, le toma a la luz de Andrómeda (visto a través de un telescopio) 2,500,000 años para llegar hasta nosotros en la Tierra. Dado a que las ondas de radio (una forma de luz) también viajan a la misma velocidad, le tomaría a una transmisión de radio desde Andrómeda los mismos 2,500,000 años, ciertamente no instantáneo.

Sin embargo, a través de la física cuántica, sabemos que esas comunicaciones instantáneas ocurren por todo el Universo, pero nosotros no sabemos como pueden ocurrir.

Este concepto encaja bien con el reconocimiento que el tiempo no existe dentro de la realidad de la onda de luz. Dentro de las cuatro (4) dimensiones que nosotros existimos (nuestra realidad humana), podemos ver y medir la luz que viaja a velocidades muy definidas. Para nosotros, la luz no parece estar en todo el

Universo al mismo tiempo. Esto es lo que hace que la física cuántica sea tan confusa. Tenemos que separar la existencia humana con la de la onda de luz.

Como una onda de luz, y dentro de su amplio ambiente, el tiempo no existe pero *puede estar* literalmente en todas partes al mismo tiempo.

Como seres humanos, es difícil comprender este concepto. ¡Es difícil separar o imaginar que *realmente hay* una existencia afuera de la nuestra en donde el tiempo no existe, y sin embargo, *sabemos que es verdad*! Ha sido aprobado por la ciencia.

Podemos comparar la situación con la de un animal que ha vivido toda la vida en una jaula. Para ese animal, es muy difícil imaginarse que existe un mundo en donde realmente el puede ser libre, libre para ir a donde el quiera. Para los animales que están enjaulados, la realidad se limita a un área muy pequeña, y no pueden imaginarse otras cosas. Me sospecho que aún cuando los animales ven gente mirándoles de afuera, estos animales piensan que nosotros los humanos también vivimos en jaulas.

Como observadores humanos que somos, tal es nuestro dilema mirando y tratando de entender la luz. La onda de luz puede estar en cualquier lugar y en todas partes ya sea en el pasado, presente o futuro. La luz es omnipresente, omnisciente y omnipotente. Nuestra perspectiva es tan limitada que cuando miramos a la luz, solo podemos ver los rayos del sol.

Si tan siquiera pudiéramos envolver nuestras mentes alrededor de la increíble realidad que la luz disfruta, podríamos empezar a entender las cosas que anteriormente habíamos definido como "sobrenatural" o "sobre lo normal." Consideren que la red de comunicación instantánea pudiera explicar cosas como la telepatía mental, el déjâ vu, los instintos, el contenido de los sueños e incluso la oración. Esto nos puede ayudar a entender como Dios esta disponible para todas las personas al mismo tiempo.

Todos los días pienso si es posible que la ciencia pueda explicar algo imposible: de poder llegar a transformar a un ateo a un creyente.

Ni usted ni yo estamos solos en esta asombrosa bienvenida. Las mejores mentes también han tenido dificultad en aceptar las maravillas de la ciencia moderna. Entre comillas, voy a mencionar a dos (2) físicos ganadores del Premio Nobel a quienes ignoré al principio de este libro. Son ellos, Niels Bohr y Richard Feynman.

Richard Feynman mencionó que la realidad cuántica de la luz es un "fenómeno que es imposible, *absolutamente imposible*, para explicar... contiene el *misterio único*... las peculiaridades básicas de todos los mecánicos cuánticos."[12]

Niels Bohr, el físico Danés, que creó el modelo del átomo (que muchos de nosotros aprendimos en la escuela), observó, "aquellos que no se sorprendieron cuando por primera vez se encontraron con la teoría cuántica no fue posible que la entendieran."

Lo que ustedes particularmente deben apreciar en la cita anterior, que esta entre comillas, es mi propia confusión (y posiblemente la de ustedes) cuando primeramente leí acerca de estos conceptos. No estuve solamente sorprendido, pero si, en total incredulidad.

Si usted se encuentra en este mismo predicamento, no se enoje. Los conceptos son ciertos y para poder asimilarlos, hay que analizarlos y posiblemente reforzarlos.

Capítulo 7: El Significado Científico de la Conciencia Humana

Vamos a continuar de lo "imposible" a lo "loco" ("loco como desconcertado").

Un concepto de la física cuántica implica que el mundo que nos rodea solo existe debido a la presencia de la conciencia humana. Esto no es un *dicho* filosófico que implica que nuestro cerebro es responsable de interpretar el mundo que nos rodea.

La interpretación que la física cuántica está diciendo es esta: el Universo a nuestro alrededor es real, pero, en la ausencia de los humanos, el Universo existe solo como una mezcolanza de ondas electromagnéticas (luz), no como partículas, si no como la materia concreta que realmente es. En la ausencia de la conciencia, el Universo es como un caldero gigante lleno de energía, pero no de ondas "sólidas," ni parecidas a las ondas de radios, que nos rodean en nuestro ambiente. ¡Si no fuera por la conciencia humana, el mundo y el Universo alrededor nuestro, se mantendrían como ondas oscuras, energías electromagnéticas, capaces de penetrar todos los rincones y grietas escondidas que nos rodean, pero que literalmente podemos caminar!

Por ejemplo, la mayoría de nosotros no podemos pensar en un escritorio, como si fuese naturalmente, un montón de ondas de radio. Sin embargo, eso es precisamente lo que la física cuántica nos dice. Ejemplo: el concepto nos dice, que el escritorio es sólido y duro solamente cuando una persona lo mira o lo toca. En la ausencia de la persona (incluyendo el sentido de la vista), literalmente podemos decir que esa persona puede caminar a través de las ondas que componen el escritorio. PERO, tan pronto como nos fijamos en el escritorio, al tocarlo, olerlo, escucharlo, y probarlo, las ondas se solidifican en el objeto sólido que reconocemos como el escritorio. En este estado, no podemos caminar o pasar las mano a través de el. En la presencia de nuestra conciencia, el escritorio es un objeto sólido como siempre hemos conocido.

Esta idea no debe haber sido tan horrorosa para usted como pudo haberle parecido antes de leer el libro. Al fin y al cabo, este concepto cuántico no es tan diferente como escuchar que la materia (el escritorio sólido) es solo otra forma de energía (las ondas) a través de Einstein $E = mc^2$. La diferencia es que ciertas condiciones deben ser cumplidas para que la materia solida pueda existir, en este caso, nuestra conciencia. Tal vez la presencia de nuestra conciencia es lo que no nos permite observar la desintegración atómica (Capítulo 3). ¡Posiblemente la materia no puede desintegrarse en ondas de luz solamente por el mero hecho de que estamos buscando por ella! En el libro de Génesis otra posible rama de este concepto, antes que los humanos fueron creados por Dios, es que en la ausencia de todas las conciencias humanas el Universo solamente existía como energía pura (ondas), E.[13] Antes del primer día de la creación, la única forma de energía que existía, era solo Dios. ¡No es interesante que la ciencia esta pronosticando el mismo estado al final del tiempo a través de la desintegración atómica!

Como historias antecedentes, usted puede divertirse con el hecho de que muchos físicos, incluyendo a Albert Einstein, absolutamente odiaban esta parte de la física cuántica (es decir, nuestra conciencia causando materia sólida). Einstein perdió mucho tiempo tratando de no aprobar esta creencia específica, pero él y otros no pudieron.

En una interesante entrevista donde el físico Ernest Sternglass entrevistó a Albert Einstein, Einstein le hizo la siguiente pregunta:

"¿Puede usted ver al árbol que esta allí? Ahora, vire su cabeza para el otro lado. ¿Está todavía allí?"... Einstein le estaba explicando a Sternglass uno de los principales aspectos de la teoría cuántica que él particularmente encontró inaceptable de acuerdo con una observación o medida necesaria para traer un objeto a la definida existencia.[14]

Un experimento realizado por un grupo de científicos en Boulder, Colorado añadieron a la aparente exactitud de este concepto. Estos investigadores encontraron que el sistema de medida y observación de los humanos detuvieron el progreso del experimento porque para proceder, el experimento requería la presencia de las ondas.[15]

John Gribbin, físico y autor, resume que "Nada es real, a menos que lo miremos, y deja de ser real tan pronto dejamos de mirar."[16]

¡La realidad ES más extraña que la ficción!

Algunos físicos han tenido la osadía para afirmar que el concepto cuántico implica que el Universo solamente existe porque "afuera" del Universo hay un Ser Supremo "mirando hacia adentro," el cual es, Dios.

El mensaje final de este capítulo es la importancia del espíritu humano y la conciencia con la que Dios nos ha dotado. Verdaderamente, somos como Su imagen. La ciencia nos da a entender que las almas humanas son verdaderamente extensiones de Dios.

Capítulo 8: La Mentira de la Evolución

A estas alturas, usted debe saber que soy un fiel defensor de la ciencia y el método científico. Por lo tanto, siempre he encontrado que la teoría de evolución de Charles Darwin es completamente lógica, incontestable y convincente. Esta teoría confundió mi espiritualidad (en el año 1960) y peligrosamente aceleró mi camino hacia el ateísmo. En algún tiempo, muchos de ustedes, tal vez dudaron acerca de la existencia de Dios como resultado de la teoría de Darwin. Sin embargo, a pesar de las dudas y preguntas que la teoría de Darwin provocó en mí, también me ayudo al crecimiento espiritual y me ha permitido encontrar interesantes respuestas a la vida, las cuales menciono en este texto.

Sin embargo, problemas significativos existen en la teoría de Darwin. Raramente usted escucha o ve estos argumentos mencionados en artículos de periódicos y revistas que informan sobre el continuo debate entre la evolución y la creación. Entiendan la dificultad de la evolución que estoy a punto de describirles las cuales no defienden la creación, pero ciertamente forman obstáculos para la teoría de evolución en su forma pura.

Para mí, el argumento más convincente *en contra* de la teoría de Darwin, comenzó hacen 530 millones de años. Ese tiempo, conocido como la época Cámbrica, representa un tiempo cuando una multitud de varios organismos prácticamente explotaron en la existencia sobre la Tierra; a consecuencia de esto, el término para esa época se conoce como, la "Explosión Cámbrica." Al día de hoy, la evolución sigue siendo la mejor explicación para la existencia de vida sobre la Tierra, pero no explica la explosión de la vida durante la época Cámbrica. El registro fósil muestra que esta explosión de vida ocurrió en un increíble corto tiempo de cinco (5) millones de años. En la escala del tiempo evolutivo, la duración de la explosión fue ridículamente corta.

Cuando usted investiga el tiempo actual que debería de haber tomado para la multitud de eventos necesarios para causar este cambio, la explosión Cámbrica se hace imposible. Aplicando la teoría de Darwin y nuestro conocimiento científico de los cambios genéticos y alteraciones, el autor y físico Gerald Schroeder calculó que ha debido de haber tomado cientos de millones de años para que la explosión Cámbrica ocurriera, no solamente cinco millones de años.[17] Las dos cifras no están ni tan siquiera cerca.

Aún así, si los investigadores aceleran los modelos de evolución para tratar de explicar los cambios observados, los resultados ni tan siquiera están cerca. La conclusión es que la teoría de evolución de Darwin, hoy día, no puede explicar, *toda* la vida que existe en el planeta Tierra. A pesar de que, antes mis ojos, Darwin sigue siendo el principal candidato otros "factores" *deberían* de estar envueltos.

¿Trató Dios, de alguna manera, de intervenir para acelerar el proceso? ¿Los meteoritos de otros planetas (como el planeta Marte) o de otros mundos ayudaron a la Tierra a acelerar el proceso de la evolución? Cualquiera o todas las teoría son ciertamente posibles.

Capítulo 9: Dios Continua un Dios Activo

Hay muchas filosofías sobre las injusticias de la vida. Harold Kushner, rabino y autor, sugiere en su libro, *Cuando a Gente Buena le Pasan Cosas Malas,* y posiblemente Dios hizo Su obra en seis días y "dejó el resto a nosotros... En ese caso," él continúa, "simplemente tenemos que aprender a vivir con ello, mantenerse consolados por el conocimiento de que el terremoto y el accidente, como el asesinato y el robo, no son la voluntad de Dios, sino que representan el aspecto de la realidad que permanece independiente de su voluntad, y que enojan y entristecen a Dios, así como nos enoja y nos entristece a nosotros."[18]

En el anteriormente supuesto escenario, Dios nos ha abandonado. Yo no creo que ese sea el caso. El Viejo y Nuevo Testamento mencionan innumerables momentos en que Dios interviene en nuestras vidas. Otros libros sagrados alrededor del mundo dicen lo mismo.

Los milagros son un claro ejemplo de la intervención de Dios. Pueden ser beneficiosos (por ejemplo, milagros de sanidad) o perjudicial (el castigo de Dios sobre ciudades pecadoras, los ejércitos enemigos, e individuos depravados).

En mi juventud, yo descarté la posibilidad de que un milagro ocurriera en mi propia vida. Sin embargo, años más tardes, claramente realicé que Dios *es* extremadamente activo en nuestras vidas, inclusive *ahora*. Solamente tenemos que reconocer estas divinas intervenciones y no dar por cierto que es "buena suerte."

Cuando usted ha tenido un accidente de carro y usted todavía tiene vida, usted piensa como pude sobrevivir, este es un ejemplo de la intervención y bendición de Dios. Usted resbala en el suelo cargando unas tijeras y usted piensa, como evité hacerme daño. Su esposo esta balanceando un pedazo de madera de dos x cuatro pies, y por poco le da a usted en la cabeza. Usted se cae de una escalera y no se golpea. Estos "incidentes" ocurren diariamente, y creo yo, son ejemplos de la intervención de

Dios. Aún más, ¡cuantos de nosotros tomamos un profundo respiro para aliviarnos de algo que ha pasado y decimos, "que suerte tengo!" Estos son ejemplos de cuando *buenas cosas pasan, aún a gente mala.*

Previamente hemos discutido la EBM, y ciertamente califica como otro de los milagros que pasan diariamente.

Una pregunta igualmente importante que, sin embargo, todavía persiste: *¿cómo podemos explicar cuando las cosas malas le pasan a la gente buena?* Este fue el dilema que el Rabino Kushner citó en su libro. Si usted mira en la Biblia, un comentario de mal gusto es que cosas malas le pasan a la gente mala. Desafortunadamente, todos nosotros sabemos que no es tan simple. Personas inocentes mueren todo el tiempo y sin ninguna buena razón. Esto no es siempre justo. Sin embargo, yo creo que Dios *es* justo e imparcial. ¿Si éste es realmente el caso, cómo podemos nosotros resignarnos a la muerte de personas inocentes?

Hay varias respuestas razonables para explicar la muerte de personas inocentes. Estas incluyen (pero no se limitan a):

1. Los inocentes serán premiados en el Cielo. Este fue el razonamiento que más a menudo escuche durante mi educación Cristiana.

2. Los inocentes están pagando por los pecados de sus padres y otros familiares.

3. Tal vez Dios se lleva a algunos de los inocentes más pronto para salvarles de la violencia y la dolorosa vida que han vivido.

4. Quizás, una persona inocente muere para influenciar y alterar el sendero espiritual de uno de sus padres, un familiar o una persona conocida.

5. Por último, el concepto de la reencarnación nos provee otra explicación. Muchas religiones del Hemisferio Oriental nos informan que usted puede morir inocente, aunque en su pasada vida haya sido una mala persona (la reencarnación), usted solamente esta pagando por los pecados (karma) que cometiera durante una de sus anteriores vidas.

Lo que particularmente me gusta acerca del concepto de reencarnación es

que en la Biblia hay varios pasajes que
pueden referirse a la reencarnación.
Estos pasajes bíblicos ciertamente
sugieren la reencarnación, pero pueden
ser interpretados simbólicamente. El
concepto, sin embargo, es racional,
lógico, y ofrece, creo yo, una de las
opiniones más verosímiles para la
muerte de los inocentes.

Edgar Cayce, espiritista y clarividente,
un psíquico muy reconocido en América,
era un devoto Cristiano que frecuentemente
se refiere a la reencarnación como una
explicación para los negativos diagnósticos
médicos de muchos pacientes.

Desafortunadamente, ni la física
cuántica, ni la EBM, nos ofrecen una
orientación real en este texto.

Capítulo 10: Conclusión

Este manual está destinado a mantener en alerta al paciente de hospicio y su familia de los recientes adelantos científicos los cuales, no solamente *apoyan* la existencia de un Poder Superior y una vida en el más allá, pero exigir que estos servicios estén disponibles.

Nuestras almas sobrevivirán como espíritus de luz, así como las personas que han sido testigos al sobrevivir la experiencia al borde de la muerte. Como espíritus de luz, vamos a existir al igual que Dios, el cual es un Espíritu Extra Dimensional. Nuestra luz no será tan intensa como la de Dios, pero vamos a hacer como extensiones de Él. No tenemos la capacidad de especular fuera de este punto.

Sin embargo, como espíritus de luz, vamos a tener el mismo poder de la luz:

1. Podemos escoger el estar en un lugar o en todos los lugares al mismo tiempo.

2. Podemos viajar al pasado, presente o futuro, pues no habrá relación en los tiempos.

3. Vamos a hacer capaces de comunicarnos instantáneamente con todos los espíritus de luz, incluyendo con Dios.

4. Al final del tiempo no habrá, oro ni plata, riquezas materiales, "cenizas a las cenizas" o, "polvo al polvo." Más bien, vamos a existir como el "polvo" final: estrellas o luz.

La ciencia demanda que nuestras almas tengan una existencia más allá que la nuestra en este mundo. Todavía no tenemos *TODAS* las respuestas, pero tenemos más experiencias. La ciencia respalda nuestra espiritualidad. Nuestras almas no se pierden en la nada al tiempo de la muerte. Más bien, vamos a hacer atraídos hacia el Túnel de la Luz, y *tenemos que seguir adelante*. Sigue la Luz, pues Ella será Dios y Sus otros espíritus dándonos la bienvenida y recibiéndonos dentro del Reino del Cielo.

Si usted no ve la Luz, usted tiene que hacer algo muy importante: *pida por la ayuda de Dios*. Como las personas que experimentaron al borde de la muerte, y que no tuvieron la experiencia de su Luz, Él aparecerá a las personas que lo llaman para su asesoramiento y orientación. Nunca es demasiado tarde para pedirle ayuda a Dios. Tradiciones religiosas como (bautismo, confirmación, comunión, y últimos ritos, etc.) son un consuelo para muchos seguidores espirituales, pero el EBM indica que no son necesarios para la salvación. Solo reconozcan la existencia de Dios y pidan Su ayuda y perdón. El factor más importante es el reconocimiento final del amor y la misericordia de Dios.

Estar en paz y encuentra y sigue esa Luz.

Notas al Calce:

---

[1] especificamente llamada desintegración atómica

[2] Moody, Jr., M.D., Raymond A., *Life After Life*, New York, Bantan Books, 1975, pp. 21-23

[3] este elemento fue añadido en el libro escrito por Moody, *Life After Life*. Moody, Jr., M.D. Raymond A. *Reflections on Life After Life*. New York: Bantam Books, 1977, pp. 9-14

[4] Moody, Jr., M.D., Raymond A. *Reflections on Life After Life*. New York: Bantam Books, 1977, p. 42

[5] Gingerich, Owen. "Dare a Scientist Believe in Design?" Templeton, John Marks, editor. *Evidence of Purpose*. New York: Continuum Publishing Co., 1994, p. 24

[6] ácido desoxirribonucleíco

[7] ácido nucléico

[8] Gingerich, Owen. "Dare a Scientist Believe in Design?" Templeton, John Marks, editor. *Evidence of Purpose*. New York: Continuum Publishing Co., 1994, p. 26

[9] Kastings, James F. "Habitable Climates" Moffett Training and Conference Center, 1999 <http://astrobiology.arc.nasa.gov/pale bluedot/abstracts/kasting.html> Accessed 2010 18 September

[10] "Intelligent Design" <http://en.wikipedia .org/wiki/ Intelligent_Design#cite_note-2> Accessed 2010 20 September

[11] Un año de luz es la distancia que una onda de luz recorre en un año.

[12] Feynman, R.P., Leighton, R.B., and Matthew Sands. *The Feynman Lectures on Physics,* Reading, Massachusetts: Addison-Wesley Publishing Company, 1963, pp. 37-42

[13] Algunos lectores estarán muy interesados en saber que Gerald Schroeder (en *The Science of God*) ofrece una explicación sobre la discrepancia entre la ciencia y los seis días de Génesis. La ciencia ha determinado que cuando la "evolución" de la humanidad empezó, la edad del Universo debería de ser de alrededor de 14 billones de años. Schroeder observa que los "días" en Génesis no pudieron estar basados al igual que un día de 24 horas en la Tierra, sin embargo, la

Tierra no fue creada hasta el tercer día. Cuando un "día Universal" es descrito por Schroeder basado en una fórmula matemática, los seis días suman menos de 16 billones de años, no armoniza exactamente, pero creo él está en el camino correcto.

[14] Sternglass, Ernest J. *Before the Big Bang*. New York: Four Walls Eight Windows, 1997, pp. 53- 54

[15] Gribbin, John. *Schrodinger's Kittens and the Search for Reality*. New York: Back Bay Books, 1995, pp. 133- 35

[16] Gribbin, John. *In Search of Schrodinger's Cat*. New York: Bantam Books, 1984, p. 173

[17] Schroeder, Gerald L. *The Science of God*. New York: Free Press, 1997, p. 111

[18] Kushner, Harold S. *When Bad Things Happen to Good People*. New York: Schocken Books, 1981, p. 55